8° Z 9890 (17)

Paris
1875

Jourdain, Charles-Marie-Gabriel Brechillet,

Discours sur les travaux historiques de M. Guizot

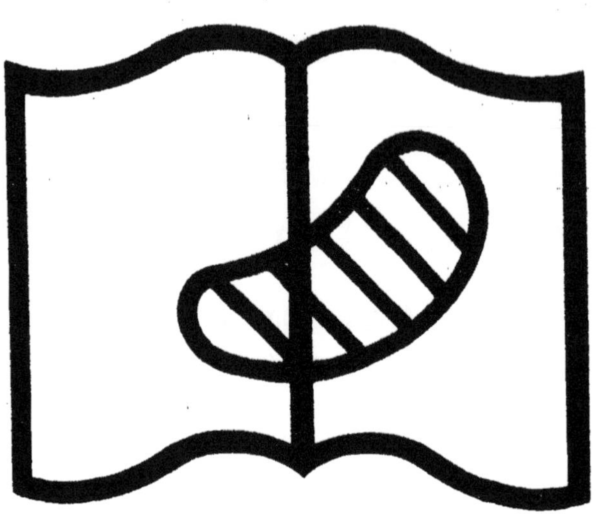

**Symbole applicable
pour tout, ou partie
des documents microfilmés**

Original illisible

NF Z 43-120-10

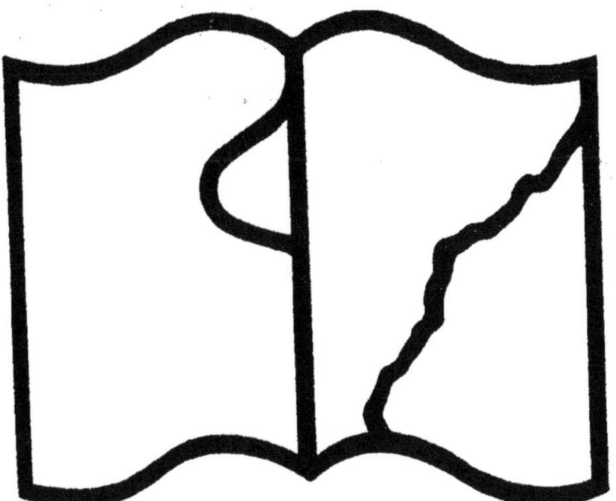

**Symbole applicable
pour tout, ou partie
des documents microfilmés**

Texte détérioré — reliure défectueuse

NF Z 43-120-11

[illegible handwriting]

[signature]

DISCOURS

SUR LES TRAVAUX HISTORIQUES

DE M. GUIZOT

PRONONCÉ LE 4 MAI 1875

A L'ASSEMBLÉE GÉNÉRALE

DE LA SOCIÉTÉ DE L'HISTOIRE DE FRANCE

PAR M. CHARLES JOURDAIN

MEMBRE DE L'INSTITUT
SECRÉTAIRE GÉNÉRAL AU MINISTÈRE DE L'INSTRUCTION PUBLIQUE,
DES CULTES ET DES BEAUX-ARTS
L'UN DES VICE-PRÉSIDENTS DE LA SOCIÉTÉ.

A PARIS
LIBRAIRIE RENOUARD
HENRI LOONES, SUCCESSEUR
LIBRAIRE DE LA SOCIÉTÉ DE L'HISTOIRE DE FRANCE
RUE DE TOURNON, Nº 6

1875.

DISCOURS

SUR LES TRAVAUX HISTORIQUES DE M. GUIZOT.

Messieurs,

Ces réunions annuelles que la Société de l'Histoire de France, comme la plupart des compagnies littéraires. est dans l'usage de tenir, sont une véritable fête de famille dans laquelle nous aimons à nous revoir et à entendre de la bouche de notre secrétaire général l'exposé fidèle de nos travaux et de nos projets; mais c'est une fête attristée chaque année par le souvenir des pertes que nous avons éprouvées, et dont il appartient à celui d'entre vos collègues qui occupe, même accidentellement, le fauteuil de la présidence, de vous offrir l'affligeant tableau. Ce devoir auquel je ne devais pas m'attendre et qui m'est imposé par les circonstances les plus douloureuses, ce devoir est aujourd'hui plus pénible qu'il ne le fut jamais. Combien de vides, en effet, et quels vides ! se sont, depuis l'an dernier, produits parmi nous ! Ces vides, il est vrai, ont été remplis peu à peu par de nouvelles recrues ; nos rangs, loin de s'éclaircir sous les coups de la mort, sont devenus de jour en jour plus pressés. Et cependant pouvons-nous, portant nos regards en arrière, compter·sans tristesse les collègues qui siégeaient, il y a quelques mois, à nos côtés, et que désormais nous n'y verrons plus : M. de Vatry, un des plus anciens membres de la Société, dans laquelle il était entré dès 1842; M. le prince de Troubeskoy, que plusieurs compagnies savantes s'étaient associé ; Mme la comtesse de Rigny, née de Bassompierre, à qui son gendre, M. le comte de Chantérac, a succédé; M. Gustave Réal, ancien préfet; M. l'abbé Colas, vicaire général du diocèse de Rouen, auteur de savants mémoires sur plusieurs points d'histoire et d'archéologie normande ; M. de la Cuisine, président à la Cour d'appel de Dijon, à qui l'histoire des parlements doit d'utiles travaux ; M. Blanche, premier avocat général à la Cour de cassation ; M. Pasquier, président à la Cour d'appel de Paris ; M. Blaise, avocat près la même Cour ; M. Ohnet et M. Lance, tous deux architectes distingués ; M. Pelletier, de l'Académie des Beaux-Arts ; M. Perrot d'Estivareilles ; M. Delaistre ; M. de Guigné ; M. Rigaud ; enfin le plus illustre de tous, un des rénovateurs de la science historique dans notre siècle, un des fondateurs de notre Société, son protecteur fidèle, son président vénéré, une de nos gloires, parlons le langage de la postérité, une des gloires de la France, M. Guizot? C'est de M. Guizot que j'ai le devoir de vous entretenir aujourd'hui. Je m'exposerais à vos justes reproches si j'appelais votre attention sur tout autre sujet. Vous n'attendez pas de moi néanmoins que je reproduise tous les traits de cette grande figure, telle que vous l'avez connue sous tant d'aspects variés et également mémorables. Je ne chercherai pas, je ne dois pas chercher à vous retracer les services de l'homme d'État qui a si longtemps pris une part importante aux affaires du pays comme député, comme ministre, comme président des conseils de la royauté, ni les triomphes de l'orateur politique, dont la parole austère, mais pénétrante et persuasive, fut si souvent applaudie dans le Parlement, ni les qualités supérieures de l'écrivain, ni les vues élevées du philosophe, ni la foi agissante et inébranlable du chrétien. C'est le privilége des grands esprits de pouvoir servir et honorer leur patrie dans plus d'une carrière. Entre tous les mérites qui recommandent le nom de M. Guizot au souvenir de nos derniers neveux, je ne dois en considérer qu'un seul : les travaux de l'historien. C'est par ce côté surtout que M. Guizot nous appartenait ; et oserai-je le dire? cette partie de sa gloire n'est peut-être ni la moins brillante, ni la moins durable.

L'histoire, pour être abordée avec succès, exige un ensemble de conditions et surtout d'aptitudes très-diverses. Elle suppose avant tout, je n'ai pas à vous l'apprendre, Messieurs, la connaissance la plus exacte des faits ; par conséquent une érudition puisée aux meilleures sources et s'éclairant par une critique judicieuse, qui sache écarter les témoignages apocryphes, les récits controuvés, les conjectures arbitraires, les mensonges de l'esprit de parti comme ceux de l'amour-propre. La science de l'histoire exige en outre une sagacité supérieure, soit pour démêler la trame des événements humains et pour suivre l'enchaînement des effets et des causes, soit pour peindre avec fidélité les passions et les caractères, soit pour juger les institutions. Enfin comme l'histoire est un art en même temps qu'une science, elle est soumise aux mêmes conditions que toutes les œuvres d'art, je veux dire une disposition habile des matériaux qu'elle a recueillis, un plan régulier dans lequel toutes les parties soient à leur place et contribuent à l'effet de l'ensemble, un style tantôt plus simple, tantôt plus coloré, chez les uns vigoureux et précis, chez les autres riche et abondant, mais toujours correct, lumineux et approprié au sujet.

Au xvii° et au xviii° siècle, la France a compté un assez grand nombre d'écrivains qui se sont adonnés à l'étude de l'histoire. Mais les uns, comme les Bénédictins, ont été plutôt de grands érudits que de grands historiens ; ils ont exhumé des documents d'un prix inestimable ; mais leurs doctes compilations ne présentent pas cette beauté suprême de la forme, ces vives peintures, ces traits de flamme qu'on admire chez Hérodote et chez Thucydide, chez Tite-Live et chez Tacite. Les autres, écrivains plus habiles que les religieux de l'ordre de Saint-Benoît, n'étaient point assez familiers avec les textes originaux ; et leurs livres, quel qu'en soit le mérite sous le rapport du style, manquent de solidité en beaucoup de points.

Que dire de l'influence exercée sur les études historiques par la tourmente révolutionnaire ? Les souvenirs de la monarchie se trouvant proscrits comme ses institutions, nos anciennes annales cessèrent d'être étudiées, et les collections bénédictines furent interrompues : de sorte que l'érudition elle-même subit le contro-coup funeste de nos dissensions intestines.

Il appartenait à notre âge de rallumer le flambeau presque éteint de l'histoire, d'éclairer d'un jour nouveau le passé de la France et d'ajouter ce titre à ceux qui composent le patrimoine littéraire de notre nation. M. Guizot est au premier rang de ceux qui dans des directions aussi variées que nombreuses ont consacré leurs veilles et leur génie à cette œuvre à la fois savante et patriotique.

Il en fut souvent détourné par les soucis de la politique ; il n'y renonça jamais ; et après avoir occupé sa jeunesse, elle est restée la consolation et l'honneur de ses derniers jours.

Il y aura bientôt soixante-trois ans, M. Guizot déjà connu par quelques travaux littéraires venait d'entrer dans sa vingt-sixième année, lorsque, le 11 décembre 1812, il monta pour la première fois dans la chaire d'histoire moderne de la Faculté des lettres de Paris, nouvellement créée en sa faveur par M. de Fontanes. Son discours d'ouverture, qu'il a eu l'heureuse pensée de nous conserver, annonce une raison déjà exercée, qui a réfléchi sur les conditions de la science historique, et qui se sent plutôt porté à les exagérer qu'à les méconnaitre. Ce discours indique en même temps, avec beaucoup de netteté, le point de vue auquel se plaçait le jeune professeur et qu'il devait à peine modifier dans ses derniers ouvrages. Négliger les faits accessoires qui n'ont pas laissé de traces durables, et les questions de pure curiosité sur lesquelles on dispute inutilement ; s'attacher aux éléments du passé qui ont survécu pour ainsi dire à eux-mêmes et ont fait sentir leur influence à plusieurs générations ; étudier dans leur marche progressive les institutions, les lois, les idées qui ont préparé la civilisation moderne : voilà dans quel esprit M. Guizot abordait l'étude de nos annales et quel but élevé il assignait, dès sa première leçon, à son enseignement. C'était écarter la partie purement narrative de l'histoire et les discussions qui portent sur des dates et sur des noms propres, pour s'attacher à l'analyse raisonnée des transformations sociales. L'école de Montesquieu venait de trouver un disciple qui devait égaler et peut-être dépasser son maître dans l'interprétation des faits historiques.

Les événements ne permirent pas à M. Guizot de remplir le plan qu'il s'était tracé. Son savoir précoce, la facilité sévère de sa plume et de sa parole, le sens politique dont il avait fait preuve, lui ouvrirent à la chute de l'Empire la carrière agitée des affaires publiques. Il y resta environ cinq ans, durant lesquels il prit part, comme secrétaire général du ministère de l'intérieur et comme conseiller d'État, aux premiers actes du Gouvernement de la Restauration. Éliminé du Conseil d'État en 1820, avec MM. Royer-Collard, de Barante et Camille Jordan, lors du second ministère du duc de Richelieu, il remonta dans sa chaire de la Sorbonne le 11 décembre de la même année. Fidèle à la méthode qu'il avait déjà suivie, il prit pour la matière de son cours l'histoire des anciennes institutions politiques de l'Europe chrétienne et des origines du gouvernement représentatif dans les divers pays où il a été tenté. Le sujet n'offrait pas seulement l'attrait de la nouveauté : il touchait aux questions qui préoccupaient alors et qui passionnaient le plus vivement les esprits. En vain M. Guizot fit de loyaux efforts pour se maintenir dans les régions sereines de la science pure ; en vain il évitait les allusions au temps présent, ne voulant pas changer sa chaire en tribune, ni donner à ses leçons la couleur d'un réquisitoire, même indirect, contre les ministres de Louis XVIII. Mais comment échapper aux applaudissements des uns, aux susceptibilités, aux défiances et aux rancunes des autres, en traitant des origines du gouvernement représentatif devant un auditoire troublé et au sein d'une société qui aspirait en elle-même à cette forme de gouvernement sans pouvoir s'entendre sur ses conditions ?

Aussi M. Guizot éprouva-t-il moins de surprise que de tristesse, lorsqu'après trente mois d'un enseignement circonspect et mesuré, dont le seul tort était un intérêt trop actuel, il se vit condamné au silence par un arrêté de M. de Frayssinous, alors grand maître de l'Université, qui ordonna la suspension de son cours. Cette mesure rigoureuse, où la sagesse avait moins de part que la passion politique, devait-elle servir la cause de la monarchie ? Il était au moins permis d'en douter, même à l'époque la plus brillante du ministère de M. de Villèle. Ce qu'il y a de certain, c'est qu'elle portait le plus grave préjudice à l'enseignement historique dans la Faculté des lettres de Paris. Mais le coup qui venait de frapper M. Guizot ne fut point à ses yeux un motif d'abandonner les études qui convenaient à la nature de son esprit, et qu'il se sentait capable de cultiver d'une manière utile à la fois pour son pays et pour la science. Loin d'y renoncer, il s'y enfonça de plus en plus ; et comprenant l'impérieuse nécessité pour l'historien de se rapprocher des sources, il entreprit coup sur coup deux grandes collections qui devaient mettre à la portée des érudits une double série d'ouvrages originaux, alors peu connus, la *Collection des Mémoires relatifs à la révolution d'An-*

gleterre, en vingt-cinq volumes, et la *Collection des Mémoires relatifs à l'Histoire de France*, depuis la fondation de la monarchie française jusqu'à la fin du xiii° siècle, en trente et un volumes in-8°. Entre autres chroniqueurs, cette dernière collection comprenait Grégoire de Tours, Frédégaire, Eginhard, Suger, Rigord, Guibert de Nogent, Guillaume de Tyr, Guillaume de Nangis, Orderic Vital, c'est-à-dire nos plus anciens annalistes, ceux dont la lecture pouvait le mieux contribuer à faire connaître les premiers siècles du moyen-âge. M. Guizot publia vers le même temps ses *Essais sur l'Histoire de France*, exposition savante et condensée des vues principales qu'il avait développées dans ses derniers cours. Esquissant le tableau de la formation de la société et des institutions en France et en Angleterre, il signalait les différences profondes qui avaient existé dès l'origine entre les deux pays. Il montrait de quelle manière en France les habitants des villes comme ceux des campagnes avaient été conduits de bonne heure à chercher dans le pouvoir monarchique, dût-il être absolu, un principe de relation et d'unité et une garantie contre la tyrannie insupportable des seigneurs féodaux ; comment chez les Anglais, au contraire, l'esprit d'association et l'esprit de résistance, développés dans toutes les classes, même dans la classe moyenne des propriétaires, d'abord par la lutte entre les Saxons et les Normands, bientôt après par la coalition des hauts barons contre le roi Henri II, avaient favorisé la formation d'un gouvernement libre, dans lequel l'autorité du monarque était sans cesse contrôlée et contenue ?

Cette explication historique des destinées différentes de deux grandes nations ne s'annonçait pas, sous la plume de M. Guizot, comme une conjecture arbitraire, plus ingénieuse que solide : elle était appuyée sur des textes nombreux qui témoignaient que l'auteur était versé dans la connaissance des documents originaux, et que chez lui l'érudition égalait la sagacité. M. Guizot préludait ainsi aux leçons mémorables qu'il devait consacrer à l'histoire de la civilisation, lorsqu'après l'avénement du ministère de M. de Martignac, il put enfin remonter dans sa chaire de la Faculté des lettres. Cette dernière phase de son enseignement en fut aussi la plus brillante. C'est alors qu'il donna, comme professeur, la vraie mesure de son vaste savoir, de son large et ferme jugement, de sa sévère éloquence. A ses côtés, M. Villemain renouvelait la critique littéraire par l'étude comparée des littératures modernes, et M. Cousin cherchait, dans la discussion des systèmes de philosophie, une démonstration nouvelle du spiritualisme. Ces beaux jours, si pleins de promesses qui n'ont pas été toutes remplies, sont déjà bien loin de nous : la génération actuelle, dans sa grande majorité, ne les a pas connus ; mais le souvenir en est resté vivant chez tous les amis des saines et fortes études. La controverse politique, en général funeste aux travaux de l'esprit, en excitait alors le goût et l'exaltait jusqu'à la passion chez une jeunesse généreuse. M. Guizot, qui partageait cette noble ardeur, sut en éviter le péril, et se tenir en garde contre les inductions précipitées et les conclusions trop absolues. Écartant d'une main ferme les affirmations erronées que l'esprit de caste ou l'esprit de système avaient inspirées à Boulainvilliers, à Mably, même à Dubos, il analysa fidèlement les éléments divers qui ont contribué à la civilisation moderne, l'élément gallo-romain, l'élément germanique, le christianisme. Avec une sagacité impartiale, que les juges les plus sévères ont rarement trouvée en défaut, il mit en lumière l'organisation de l'église chrétienne, le rôle qu'elle a joué, l'heureuse influence qu'elle a exercée durant les premiers siècles du moyen-âge, soit dans l'ordre politique, soit dans l'ordre moral. Il montra par quel progrès laborieux une société nouvelle qu'elle pénétrait peu à peu de son esprit, était sortie du chaos qui avait suivi la chute de l'Empire romain, et que Charlemagne parvint le premier à débrouiller. Il exposa les origines et les traits essentiels du régime féodal, les principes de droit et de liberté que ce régime supposait, malgré ses abus, et les causes qui ont motivé sa chute. Il étudia de même le rôle de la royauté, ses faibles commencements, et de Philippe-Auguste à Philippe le Bel, sa prépondérance de plus en plus marquée. Enfin il consacra quelques leçons à un dernier élément de notre histoire nationale, je veux dire à la bourgeoisie ; et après avoir raconté la révolution communale du xiie siècle, il expliqua comment le tiers état, avec ses aspirations et son influence propres, avait survécu à la décadence et à la ruine des communes. A l'analyse des faits sociaux, M. Guizot mêlait l'étude approfondie des écrivains de chaque époque, ayant soin d'appuyer par des

citations bien choisies le jugement qu'il portait de leurs ouvrages.
Ses admirables leçons offraient ainsi à l'auditoire le tableau le
plus exact et le plus complet des mœurs, des lois, des institutions
et même de la littérature de ces âges ténébreux, alors bien peu
connus, dont le professeur avait entrepris l'étude. A la vérité,
toutes les vues que M. Guizot développait ne lui étaient pas
personnelles; il était familier, comme c'était son droit et son
devoir, avec les œuvres de ses contemporains, et il n'hésitait
pas à s'en inspirer; mais il portait dans ses emprunts un si
juste discernement, une si exacte érudition, qu'il renouvelait,
pour ainsi dire, les découvertes d'autrui en se les appropriant; de
sorte qu'au jugement du plus illustre de ses émules, Augustin
Thierry, ses travaux sont devenus « le fondement le plus solide,
le plus fidèle miroir de la science historique contemporaine,
dans ce qu'elle a de certain et d'invariable. »

M. Guizot venait de terminer ses leçons sur le rôle historique
de la bourgeoisie au moyen-âge, lorsque survint la révolution
de Juillet qui ouvrit une nouvelle carrière à ses éminentes
facultés et à sa légitime ambition. C'était pour la troisième fois
que les vicissitudes de la politique venaient suspendre son enseignement; elles l'interrompaient au moment même où il portait
ses plus beaux fruits et où il en promettait de nouveaux, non
moins abondants et non moins précieux. A Dieu ne plaise que
j'élève une plainte contre la direction qui fut alors donnée par
la Providence aux pensées et aux travaux de notre illustre
confrère! Il a figuré au premier rang de ceux qui, dans les
conjonctures les plus périlleuses, parcourant une voie semée
d'écueils et de précipices, ont essayé de raffermir le pays ébranlé,
et ont su lui donner, avec le bienfait inestimable de la paix,
dix-huit années de liberté et de prospérité : qui pourrait plaindre
sa destinée? Mais dans cet asile consacré à l'étude, devant cette
assemblée qui a le culte de la science, puis-je me défendre d'un
sentiment de regret, en songeant aux services que l'enseignement de M. Guizot nous aurait rendus s'il s'était prolongé?

L'Université du moins eut la consolation de retrouver à sa tête,
comme ministre de l'instruction publique, celui qu'elle perdait
comme professeur. Sous une influence aussi éclairée que bien-
veillante, toutes les branches de l'éducation nationale reçurent

d'importantes améliorations; l'instruction primaire surtout prit un développement inespéré, grâce à une loi libérale, loyalement exécutée, qui donna en peu de temps, aux campagnes comme aux villes, des écoles et des maîtres. En rappelant ces souvenirs, je craindrais de sortir de mon sujet, si la bonne administration de l'instruction publique n'importait pas au progrès de la science elle-même dans ses directions les plus élevées. Au reste quelque pesants que soient les devoirs que l'exercice du pouvoir impose, quelles qu'aient été, après 1830, les agitations de la politique, M. Guizot n'oublia pas les études qui avaient occupé la première partie de sa vie et assuré à son nom une juste popularité. N'ayant plus le loisir de les cultiver lui-même, il voulut fournir aux autres les moyens de s'y adonner avec plus de fruit. Il estimait que l'histoire, si recommandée à nos méditations par les sages de tous les temps, n'était jamais plus utile qu'aux époques troublées comme la nôtre. Il attribuait à ses leçons une vertu d'apaisement qui s'insinue dans les esprits, les dispose au calme, à l'indulgence, à la concorde, leur apprend à ne pas s'enorgueillir dans la bonne fortune, à ne pas désespérer dans la mauvaise. C'est sous l'empire de ces pensées que M. Guizot prit une part très-active à la fondation de notre Société. Vous n'avez pas oublié que son nom figure le premier sur la liste de nos fondateurs, suivi de ceux de M. Thiers et de M. de Barante, de M. Beugnot et de M. Fauriel, de M. Letronne et de M. Mignet. J'oserai nous rendre ce témoignage que nous n'avons pas trompé l'espoir des hommes éminents qui s'étaient portés nos garants devant le pays, et sous les auspices desquels nous sommes nés et nous avons grandi. M. Guizot, sur la fin de ses jours, aimait à rappeler que notre Société, depuis son établissement, n'avait pas publié moins de 160 volumes de documents originaux, quelques-uns tirés pour la première fois de la poussière des bibliothèques, et dont la série embrasse toutes les époques de notre histoire nationale, de Clovis à Charles VII, et de Henri IV à Louis XI; quelle preuve plus éclatante des résultats auxquels peut arriver une compagnie que l'amour de la science anime, et qui, sagement organisée dès le principe, est restée fidèle, dans le cours de son existence, à la pensée de ses fondateurs?

Vers le temps où M. Guizot s'associait, en sa double qualité d'homme de lettres et d'homme d'État, aux débuts de notre Société, il méditait une entreprise pour laquelle le zèle et la munificence de simples particuliers n'auraient pas suffi, et qui réclamait le concours de la puissance publique, je veux dire la publication générale des documents encore inédits sur l'histoire de France. Afin d'assurer l'exécution immédiate et le succès durable de ce grand dessein qui pouvait, à quelques égards, paraître gigantesque, M. Guizot institua près du ministère un comité qui devait présider aux recherches, donner son avis sur les documents découverts, en préparer l'impression et la surveiller. Œuvres historiques ou littéraires, correspondances, chroniques, mémoires, anciennes poésies, vieux livres de philosophie, monuments de l'art, châteaux et chapelles en ruines, antiques cathédrales, tout ce qui pouvait révéler quelque face ignorée des mœurs et de l'état social d'une époque de nos annales, rentrait dans les attributions du Comité, qui avait pour mission de le mettre en lumière. Mais cette mission, le Comité n'était pas seul appelé à la remplir. Il avait sur tous les points du territoire des correspondants qui devaient seconder ses efforts, fouiller eux-mêmes les bibliothèques et les archives des départements et des communes, dresser l'inventaire des richesses qui s'y trouvaient enfermées, recueillir ou du moins signaler les textes qui présentaient quelque intérêt. Les entreprises de ce genre, quelque généreuses qu'elles soient, offrent des difficultés d'exécution qui le plus souvent les font échouer. Mais les plans développés par M. Guizot étaient si sagement combinés, l'impulsion qu'il donna fut si vigoureuse que le succès dépassa dès le principe toutes les espérances, et que quarante-deux années, presque un demi-siècle, ne l'ont pas épuisé. A l'heure où nous parlons, le Comité des travaux historiques fondé en 1833 subsiste encore ; sous ses auspices ont déjà paru cent vingt-huit volumes de documents inédits et plusieurs ouvrages considérables sur l'archéologie du moyen-âge. D'autres publications se préparent ; elles renouvelleront, elles perpétueront le service rendu à la science par l'initiative féconde de notre illustre confrère.

Après avoir rappelé les bienfaits d'une administration amie des lettres, je dois traverser, sans m'y arrêter, une période d'environ quinze années, durant lesquelles M. Guizot devait appartenir tout

entier à la politique. S'il parvint alors à la situation la plus haute
que l'ambition puisse rêver sous une monarchie dans un pays
libre, il éprouva aussi les cruelles disgrâces que la fortune réserve
souvent à ceux qu'elle avait d'abord favorisés et qui méritaient
le mieux ses faveurs. Mais le coup de foudre qui le frappa, en
frappant avec lui la société, n'atteignit pas son grand cœur ni
son intelligence, et ne fit que reporter l'activité et les forces
toujours jeunes de ce noble esprit vers les études, compagnes
de sa jeunesse et de son âge mûr. Après avoir passé quelques
mois dans l'exil, M. Guizot, rentré en France, employa ses loisirs
à réviser ses anciens ouvrages et à en composer de nouveaux,
les uns sur les questions du jour, les autres sur divers points de
philosophie religieuse, la plupart sur des questions historiques.
Il écrivit huit volumes de *Mémoires* pour servir à l'histoire de son
temps, composition d'autant plus remarquable par la sérénité
des jugements que les faits appréciés sont plus récents, mais
dans laquelle il faut moins rechercher le récit des événements
que la leçon qui en ressort et les règles de conduite que l'écrivain
en tire pour l'instruction de ses successeurs. Il continua l'Histoire
de la révolution d'Angleterre, et aux deux premiers volumes qui
avaient paru en 1829 il en ajouta quatre nouveaux, comprenant
les événements qui ont suivi la mort de Charles Ier, c'est-à-dire
le protectorat d'Olivier Cromwell, celui de Richard Cromwell, son
fils, et le rétablissement des Stuarts. Dans ces derniers volumes
la narration des faits occupe la plus grande place : l'analyse des
institutions, les considérations politiques sont reléguées au second
plan. Mais, fidèle à son ancienne méthode, l'auteur s'applique
à être exact, et il y parvient en remontant aux sources originales.
Ses récits sont appuyés sur des textes empruntés aux documents
contemporains : il a même eu la bonne fortune de mettre le
premier en lumière une très-curieuse correspondance de quelques
agents de Mazarin.

Nous devons passer sous silence les notices remarquables pu-
bliées dans la *Revue des deux Mondes,* et consacrées par M. Guizot
à deux de ses amis, M. le duc de Broglie et M. Vitet; mais
comment ne pas nous arrêter au grand ouvrage qui a noblement
occupé ses dernières années et jusqu'au dernier jour de sa vie,
l'Histoire de France racontée à mes petits enfants ! Ces leçons,

données sous le toit domestique par un aïeul à sa jeune famille, ne semblaient être destinées qu'à l'adolescence, et voilà qu'elles sont devenues le point de départ d'un ouvrage qui peut affronter le jugement des censeurs les plus difficiles et qui, dès son apparition, a conquis tous les suffrages. Là se trouvent rassemblés et comme fondus dans un accord ailleurs bien rare, l'exacte connaissance des faits; l'art de discerner ceux qu'il faut mettre en saillie à cause de leur importance et ceux qu'il faut écarter comme trop secondaires ; le style simple et grave qui convient à l'historien; l'impartialité dans les jugements sur les hommes et sur les institutions ; un profond sentiment de la justice et du droit ; un patriotisme sincère, assez sûr de lui-même pour ne pas tomber dans la déclamation. M. Guizot possédait, dans son heureuse nature, le germe de ces grandes qualités; le travail, la méditation, l'expérience des affaires et des hommes, les avaient développées chez lui: et sur la fin de sa glorieuse carrière, il les mettait à profit pour l'honneur de son pays et pour l'instruction d'une longue suite de générations. Pourquoi faut-il que la mort l'ait frappé avant qu'il eût achevé son œuvre? Après une existence de quatre-vingt-sept ans, on ne saurait compter sur le lendemain; mais la constitution de M. Guizot était si robuste, il joignait à un corps vigoureux une telle force d'âme, que nous ne pouvions nous accoutumer à la pensée d'une séparation. L'*Histoire de France racontée à mes petits enfants* comprend du moins quatre volumes achevés qui s'étendent jusqu'à la fin du règne de Louis XIV : la main pieuse et exercée, qui avait recueilli au foyer paternel les leçons de M. Guizot, achèvera, nous l'espérons, ce beau monument.

Que vous dirai-je, Messieurs, pour conclure ? J'ai essayé de répondre à vos intentions, en traçant d'une manière trop imparfaite l'esquisse des travaux historiques de M. Guizot. Mais le tribut de nos regrets stériles n'est pas le seul hommage qui soit dû à sa mémoire. Nous devons l'honorer surtout en nous montrant fidèles aux exemples qu'il nous a légués, à l'impulsion qu'il nous avait donnée, aux traditions qu'il a contribué plus que personne à introduire dans notre Société. Nous sommes depuis un demi-siècle bientôt les serviteurs désintéressés des études historiques : c'est à ce titre principalement que M. Guizot nous accordait son affectueux patronage et les conseils de sa haute expérience. Continuons à marcher dans la voie qu'il nous avait tracée et que ses encouragements nous ont rendue plus facile. Le domaine de l'histoire nationale est immense ; que notre zèle ne se montre pas moins inépuisable que le champ qui s'ouvre à nos explorations. Même après plus de quarante années d'efforts laborieux, il nous reste encore bien des richesses ignorées à mettre en valeur. Nous ne faillirons pas, je l'espère, à cette tâche : notre passé nous engage, et le rapport que vous allez entendre de la bouche si autorisée de notre secrétaire général sera pour l'érudition française la garantie certaine que cet engagement sera rempli.

Nogent-le-Rotrou, imprimerie de A. Gouverneur.